体能让未来更有可能

# 家庭式
# 儿童体能训练营

## 3~4岁 动作模式

北京体育大学教授 魏宏文 主 编
奥运冠军 王丽萍 审定推荐

化学工业出版社
·北京·

**内容简介**

本书是"家庭式儿童体能训练营"系列图书的第二辑,专为3至4岁儿童设计的基本动作模式训练集,包含人体10个基本动作模式所涉及的24个动作。针对每个动作,书中给出了动作评估的要点,并且说明了常见的错误动作,并按准备动作、基本动作和动作要领来逐步拆分讲解,便于家长指导孩子正确运动。

本书的作者魏宏文任教于北京体育大学,在竞技体育领域有着丰富的科学化训练研究与实践经验,书中结合了儿童体能训练的专业理论和实践经验,为家长提供了一套科学、实用的儿童体能训练方法。通过科学的指导与系统的训练,家长可以与孩子一起学习正确的动作,为日后更高级的运动技能奠定基础。

**图书在版编目(CIP)数据**

家庭式儿童体能训练营. 3～4岁运动模式 / 魏宏文主编. -- 北京 : 化学工业出版社,2025. 2. -- ISBN 978-7-122-47003-4

Ⅰ. G613.7

中国国家版本馆CIP数据核字第2025JD2099号

责任编辑:丰 华　　　　　　文字编辑:丁钊雯
责任校对:宋 玮　　　　　　装帧设计:锋尚设计

出版发行:化学工业出版社
　　　　　(北京市东城区青年湖南街13号　邮政编码100011)
印　　装:北京瑞禾彩色印刷有限公司
710mm×1000mm　1/16　印张7　字数62千字
2025年6月北京第1版第1次印刷

购书咨询:010-64518888　　　　　售后服务:010-64518899
网　　址:http://www.cip.com.cn
凡购买本书,如有缺损质量问题,本社销售中心负责调换。

定　　价:49.80元　　　　　　　　　版权所有　违者必究

## 编写人员名单

主　　编：魏宏文　北京体育大学教授

参　　编：成　勇　北京市海淀新区恩济幼儿园园长

　　　　　邹蒙辉　北京体育大学教师

　　　　　Abobakr Ravand　北京体育大学体育教育训练学博士

　　　　　王婷婷　北京体育大学体育教育训练学硕士

　　　　　安家言　北京丰台成寿寺小学体育教师

　　　　　李方舟　北京市海淀新区恩济幼儿园一级教师

　　　　　王　斌　少儿体能教练

## 技术指导

王丽萍　2000年悉尼奥运会女子20公里竞走冠军

## 视频课程获取说明

亲爱的家长们，感谢您选择"家庭式儿童体能训练营"系列图书。

本系列提供的二维码包含4辑共96节儿童体能训练视频课程，均由专业教练带领适龄儿童一对一示范，涵盖了4个年龄段，不同年龄适用不同内容！

扫码可以免费体验其中两节视频课程，如果您希望系统、完整地学习全部视频课程，可另行付费购买剩余课程。

我们希望通过体验课程让您更好地了解课程内容和效果，更期待您通过这套科学的体能训练，与孩子一同养成健康的家庭运动习惯，成为彼此优质的陪练伙伴！

感谢您的选择与支持。

祝孩子健康聪明，快乐成长！

# 科学指南助力健康成长

当前，国家高度重视青少年儿童的身体素质发展，出台了一系列相关政策，将青少年儿童的健康提升到国家战略高度。"家庭式儿童体能训练营"系列图书的出版，正契合这一发展方向，为家庭体能锻炼提供了科学、系统且极具操作性的方案。

本套图书依据不同年龄段儿童的身心发展特点，设计了科学合理的训练内容。从1至3岁的运动启蒙，到6岁前各阶段的动作训练，内容循序渐进，涵盖全面。书中提供了丰富的训练方法，配以详细的图解和视频演示，方便家长理解和操作，并着重强调运动安全，指导家长规避损伤风险，确保孩子在安全的环境中锻炼。

家庭是孩子成长的核心环境，对其身体素质发展至关重要。通过这套图书，家长可充分利用家庭空间与时间，与孩子一起进行趣味盎然的运动游戏，在增进亲子关系的同时，提升孩子的身体素质，培养运动兴趣和习惯，为其终身健康奠定坚实基础。

本套图书的出版，既为家庭提供了科学实用的儿童体能训练指南，也为推动国家青少年儿童体能发展战略目标的实现贡献了一份力量。我们相信，在家长的积极参与下，在"家庭式儿童体能训练营"系列图书的科学指导下，越来越多的孩子将拥有强健的体魄、阳光的心态和美好的未来！

董进霞

北京幼儿体育协会会长

# 强身健体，从娃娃抓起

作为一名奥运冠军和多年参与青少年体能训练的运动员，我深知儿童早期体能发展的重要性，能够参与"家庭式儿童体能训练营"系列图书及配套视频课程的技术指导工作，并为这套书作推荐，感到无比荣幸。

这套书的作者魏宏文老师，是我非常敬佩的体能训练专家。他拥有北京体育大学的博士学位，并有丰富的实践经验，曾服务于北京女足、国家男女足及各青少年队伍。他一直致力于科学化训练的研究与实践，对儿童和青少年的体适能发展有深刻理解，并将其科学理念融入了本书的每一个细节。

近年来，我国高度重视青少年体育发展，并且出台了一系列政策。这些政策特别强调儿童早期体能发展的重要性，鼓励学校和家庭共同参与，为孩子创造多样的运动机会。

这套图书紧密契合国家的政策导向，将科学的体能训练方法与家庭场景结合，帮助家长在日常生活中培养孩子的运动习惯。魏宏文老师的专业指导保证了内容的科学性与可操作性，不仅帮助孩子增强体能，更在心理、社交等方面促进全面成长。

运动不仅强健体魄，还能培养孩子的自信与专注力。希望"家庭式儿童体能训练营"系列图书及配套的视频课程能走进更多家庭，助力孩子健康成长。

王丽萍

2000年悉尼奥运会女子20公里竞走冠军

# 科学专业抓好儿童体能训练

我1996年毕业于北京体育大学，并于2009年获得博士学位后留校任教。自那时起，我便一直致力于竞技体育运动员的科学化训练工作，同时也逐渐把目光转向儿童和青少年的体能发展。20多年来，我在北京女足、国家男女足等多个队伍中担任科研教练和体能康复教练，积累了丰富的实践经验。在多年的工作中，有一件事让我时常感到惋惜：不良的动作习惯如果在儿童时期没有纠正，会对其身体发育和未来的运动能力产生深远影响。这也让我深刻意识到儿童体能训练的重要性。

## 学龄期体育测试与体能训练的重要性

我国的学龄期体育测试项目通常包括以下5项。

- **50米跑**：考察速度与反应能力

- **立定跳远**：测试下肢力量与爆发力

- **仰卧起坐或引体向上**：评估核心肌群或上肢力量

- **坐位体前屈**：反映柔韧性

- **耐力跑（800米或1000米）**：检测心肺功能

如果孩子没有在幼儿阶段打下良好的体能基础，比如跳跃或跑步姿势不对，很容易在这些测试中表现不佳。此外，不标准的动作会让他们在训练和测试时更加疲劳，甚至引发运动损伤。

## 标准动作和科学训练的重要性

科学的体能训练不仅是为了让孩子通过测试，更是为了帮助他们建立健康的身体姿态、提高运动能力。每个动作的标准与否，都直接关系到孩子的体能发展和安全性。

在"家庭式儿童体能训练营"系列图书中，我根据1至6岁孩子的发育特点，设计了循序渐进的训练内容。1至3岁以亲子游戏为主，建立运动兴趣和基础；3至4岁专注于基本动作模式，如蹲、走、跑等；4至5岁强化动作技能，如跳跃、投掷等；5至6岁则融入运动技巧，为孩子日后的体育活动做好准备。每个训练动作都有详细的动作讲解，让家长根据孩子的能力进行指导。此外，我们还录制了和图书匹配的视频课程，家长和孩子可以随时跟练，保证动作的标准和规范。

这套书以"家庭式体能游戏"作为指导方针，为不同年龄段的儿童设计了有针对性的运动内容，整套共4辑。以动作为主导，让孩子于游戏中学习，在学习时玩耍，在玩耍里有目的地运动。

本书为第2辑，针对3~4岁孩子动作模式发展设计的体能游戏。围绕10种基本动作模式，从不同的侧重点设计不同的锻炼游戏。

## 不良动作对生长发育的影响

儿童正处于骨骼、肌肉、神经系统发育的关键阶段，如果他们在学步或日常活动中养成不正确的动作模式，可能会导致长期的问题。

- **走路时内八字或外八字**：这种步态容易导致膝关节负荷不均，引发膝内翻或膝外翻，进而影响腿部骨骼的正常发育。
- **跳跃动作不标准**：如果孩子跳起落地时脚跟先着地，膝盖过度内收（膝盖对齐脚趾的原则被破坏），会增加足踝和膝关节的损伤风险。长期如此，还可能导致下肢力量发展不足，影响跑步速度和爆发力。

这些不良的动作不仅对孩子的身体健康造成隐患，还会直接影响他们在学龄期参加体育测试的表现。

## 呼吁家长从小重视体能训练

我想对每位家长说：体能训练从小抓起，绝不仅仅是为了让孩子健康成长，更是为了培养他们对运动的兴趣和正确的动作习惯。很多家长可能认为跑步和跳跃是孩子的天性，不需要特别训练，但事实证明，如果不掌握科学的方法，错误的动作会慢慢积累，成为未来运动表现的障碍。

希望这套图书能为更多家庭带来科学的体能训练理念，让孩子们在运动中找到快乐和自信，为未来的成长之路打下坚实基础。

魏宏文

北京体育大学教授

# 目录

基于动作模式视角，在幼儿体育游戏中巩固早期的基本动作模式，为日后复杂的动作技能学习奠定基础。

# 儿童早期体能训练，好处多多

体能游戏因为内容丰富、好玩有趣，深受孩子们的喜爱。他们不仅在运动中收获欢乐，运动目标的达成还给孩子们带来成就感。科学研究早已证明，体育锻炼不仅让孩子的身体更健康、长得更高更强壮，而且能促进大脑发育，让孩子更聪明。同时，在体能活动中不断克服困难取得胜利的过程，也培养了孩子乐观积极、自信勇敢的优秀品质。

目前，很多家庭过于重视孩子的学习和成绩，忽略了孩子的体育发展，而家庭环境对孩子的影响往往很深远。为此，我们组织相关领域的教练和专家编写了这套儿童体能运动指导书，针对1~6岁的孩子设置了不同的体能运动锻炼内容，也希望家长们从小重视孩子的体能发展，为孩子健康一生打下坚实的基础。

无论你是一位家长还是老师，有无运动经验，如果你希望高质量地陪孩子一起运动或游戏，那么在这里你会发现一套令你耳目一新的内容。

书中内容丰富，遵循幼儿动作发展规律并涵盖了各个方面的发展目标，借助详细的图片与文字说明，介绍了基本动作模式的评估方法，展示了基本动作模式的要领和技巧，并设计了丰富有趣的动作游戏，有助于家长更好地指导孩子的身体活动。儿童在不同的年龄阶段会展现出对某些技能或能力发展的敏感期或有利期。本书以3~4岁儿童必需掌握的基本动作模式，以运动游戏为载体，让孩子在玩耍中练习，达到强身健体、助力成长的目的。

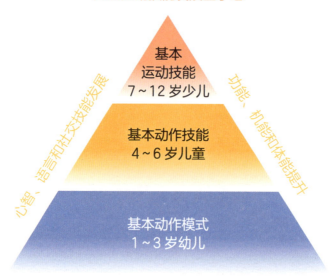

儿童运动技能发展金字塔

基本
运动技能
7~12 岁少儿

基本动作技能
4~6 岁儿童

基本动作模式
1~3 岁幼儿

心智、语言和社交技能发展

功能、机能和体能提升

## 一个新的视角：在幼儿体育游戏中巩固早期最基本的动作模式

　　动作模式是在人类生长发育过程中形成的，部分基于遗传倾向，但同时也受到后天学习、环境因素和实践的影响。这些模式不仅使人类完成日常生活和活动表现，更可在学习和训练中进一步完善。一般来说，基本动作模式有10种，包括翻滚、爬行、蹲起、弓步、体屈、推拉、上举、扭转、步态等。这些基本动作模式在生活中无处不在，例如蹲下如厕、弓步上下楼梯、推车、拉门、弯腰捡东西、转身拿东西、跑步/走路等，它们虽然在生长发育中自然形成，但通过巩固这些早期动作模式，提高其准确性和协调性，可为更复杂的运动技能打下坚实基础。

幼儿3岁前是基本动作模式的建立期，家长需要适当引导和训练，帮助幼儿形成标准、正确的基本动作模式，为后期的身体成长发育和动作技能的形成做好铺垫。同时，基本动作技能是未来发展运动技能的基石，包括身体移动技能、身体稳定平衡技能和物体操控技能三大类。

这套书不仅提供了丰富的运动游戏，帮助孩子在游戏中锻炼身体，从小养成健康科学的运动习惯，还列出了学龄前儿童参加身体活动的方法，为家长、教练提供儿童身体活动能力和需求的指导，以达到科学运动、促进身心健康的目的。

## 指导学龄前儿童的运动方针

❶ 《学龄前儿童（3~6岁）运动指南（专家共识版）》建议，学龄前的儿童每天要累积至少180分钟的运动时间。其中，中高强度的运动应该累积不少于60分钟，不应久坐不动。

❷ 学龄前儿童以基本动作模式为主，为构建未来运动模式打下基础。

❸ 学龄前儿童应该在室内和室外环境中进行运动，他们参与的运动应符合或优于指南中推荐的标准。此外，安全是儿童运动的首要考虑因素，需确保环境安全，避免意外伤害。

## 儿童体能运动的场景和器材

　　身边的一切都能成为运动的助力。儿童玩具可以激发孩子的创造力和活力，生活用品也能巧妙地转化为运动的工具，小小的运动器材更是孩子们尽情释放能量的伙伴，无论是在公园的草地，还是自家的庭院，家中的客厅，都能成为你和孩子欢乐运动的场所。

### 生活道具

| 靠垫 | 图书 | 毛巾 | 毛绒玩具 |
| --- | --- | --- | --- |
| 椅子 | 沙包 | 网球 | 气球 |

### 专业器材

| 拉伸垫 | 跳绳 | 标志盘 | 篮球 |
| --- | --- | --- | --- |

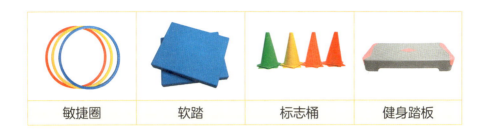

| 敏捷圈 | 软踏 | 标志桶 | 健身踏板 |
|---|---|---|---|

以上为儿童运动游戏常用器材，请自行购买品牌器材，可用于4册书中的全部课程。运动并不复杂，在家里或社区都可以找到适合的家庭健身练习。

## 儿童体能运动的科学指导

儿童体能训练，看似简单，玩玩动动，实际上要想真正有效果离不开科学的理论指导和体系支撑。"家庭式儿童体能训练营"这套图书与配套视频课程紧密结合，构建了一个专业、系统且易于实践的家庭体能训练体系。

图书可以帮助家长理解动作的功能性和训练效果，同时提供多种难度选项，让家长可以根据孩子的发展情况逐步调整。纸质特性便于家长理解动作，反复学习，随时翻阅。配套的视频课程则由教练与孩子共同示范，专业团队摄影实拍，增加趣味性和实操性，每个动作都清晰直观，家长和孩子可以轻松跟随视频进行练习，确保动作标准、到位。图书和视频课程家长可以根据自己的需要使用，既可以只阅读图书，也可以图书和视频课配合使用。

这套课程不是单纯的动作模仿，更融入了系统的训练逻辑，将动作技能与体能发展科学地串联起来。通过互联网技术的支持，家长和孩子在家中即可便捷地获取专业的体能训练指导，让科学的体能教育走进每一个家庭。这一体系化的课程，不仅满足了当下家庭对高质量儿童教育的需求，也与国家提倡的青少年体能发展政策高度契合，为更多家庭带来科学且有趣的运动体验。

# 01

## 举手侧滚

###  动作模式介绍

翻身是在俯卧或者仰卧的状态下，围绕身体纵轴的旋转动作，涉及身体的协调动作。

### 动作评估

✓ **正确**：双手伸向头顶，以躯干旋转带动上肢翻转。

✗ **错误**：双手在肩部以下，以脚蹬地，下肢带动躯干翻转。

### 常见错误

下肢交叉或者并在一起，双手放在身体两侧，用脚或手推动身体翻转，都是错误的动作。

## 🎯 训练目的

　　动作模式是孩子掌握的所有技能以及所有其他练习和活动的基石，优质动作模式是提高动作表现的关键和动作安全的有力保障之一，需要不断地练习和巩固来完善这一动作。翻身这一动作不仅在日常生活中具备关键意义，在舞蹈、体操、武术等领域也有着广泛且重要的应用。

## ⚠️ 训练提示

　　运动时，请穿着紧身运动服或运动短裤，并穿上运动鞋。确保及时并正确地指导和纠正动作。

## ··· 基本动作模式学习

### 准备动作

❶ 身体呈俯卧姿势，平贴于地面之上。

❷ 双脚分开，间距与肩同宽，保持双腿伸直的状态。

❸ 双手尽力向头顶方向伸直延展，手指自然伸直。

④ 头部微微抬起，胸部挺起，目光坚定地直视前方，保持身姿挺拔、精神集中。

## 基本动作

① 当进行向右翻身的动作时，首先双脚需保持静止不动。

② 将左手缓缓向上抬起，手带肩，肩带胸，胸带躯干翻转。

③ 转动的躯干再进一步带动下肢随之转动。

④ 从仰卧位恢复到最初的准备姿势。

## 动作要领

① 在进行翻身或翻转动作时，如果出现头晕现象，这属于正常情况。

② 待头晕现象不再出现后，再缓慢起身，以确保身体安全。

③ 可以对此进行多次练习，以增强熟练度和身体的适应性。

## 举手侧滚

专为家庭精心打造的时长8~10分钟的基本动作模式体能游戏。

在热身环节中通过让孩子模仿各种动物，在游戏里引导孩子在动作、体态上进行变化，这样的方式能激发孩子大胆想象，实现具有创造性的表达。这种活动不仅能提升孩子的想象力，还能在放松与拉伸的同时，去探索充满趣味的亲子体能游戏。

游戏道具：拉伸垫一块。

## 课程目的

训练孩子上肢与躯干之间的高度配合，提升从俯卧位到侧卧位的翻滚能力，使其更成熟地向以躯干旋转为主的翻滚发展。

任何完美、复杂的动作都是由简单的身体动作模式组合而成的，而错误的动作会造成不良的运动姿态或运动损伤。

# 02
## 屈膝下蹲

### 📝 动作模式介绍

屈膝下蹲是通过双腿平行弯曲，以降低身体重心的动作。

### 📝 动作评估

✓ **正确**：下蹲中双脚与肩同宽，膝盖与脚尖朝前，膝盖不超过脚尖。

✗ **错误**：下蹲后膝盖内旋或外旋，脚呈内或外八字，或者脚跟抬起。

### ✗ 常见错误

在下蹲时，要不膝盖朝里，要不脚尖朝外。这种不规范的下蹲姿势会增加膝关节和踝关节的压力，影响骨骼的正常生长发育。

下蹲是孩子先天获得的一项基本动作模式，家长应在日常生活中有意识地让孩子锻炼下蹲来完善这一动作。在一项针对200名青少年开展的研究中发现，在运动能力欠佳的孩子中，70%存在日常下蹲时膝盖内扣或脚尖外撇等错误动作。

⚠️ **训练提示**

运动时务必穿上紧身运动服或运动短裤，这样能更清晰地展现动作是否正确。

💬 **基本动作模式学习**

**准备动作**

① 双腿自然分开，与肩同宽。

② 脚尖和膝盖均需朝向正前方，不得偏移。

③ 双手叉腰。

④ 两眼平视正前方，保持专注。

⑤ 始终保持呼吸均匀平稳。

## 基本动作

1 下蹲时，应缓慢弯曲膝关节和髋关节，逐渐往下蹲。

2 始终保持腰背挺直，眼睛平视正前方。

3 在下蹲过程中，脚尖和膝关节需始终朝向正前方。

4 整个下蹲过程中要保持呼吸均匀，切不可憋气。

## 动作要领

1 蹲下后两脚脚尖和膝盖朝向正前方。

2 脚跟踩地，膝盖不超过脚尖。

3 下蹲到最低点时，再慢慢起身。

4 可以进行多次练习。

5 与家人和朋友一起在游戏中巩固。

## 屈膝下蹲

专为家庭打造的8~10分钟的幼儿早期基本动作模式体能游戏。

在游戏中通过模仿各种动物进行热身活动，教练展示并讲解关于下蹲的正确动作模式，并引导孩子在不同颜色的道具和场景中，通过动作、体态的变化，让孩子在玩耍中纠正错误动作和巩固正确的动作，并让运动后的拉伸成为一种习惯。

游戏道具：准备10个标志盘（如果没有标志盘，可用毛绒玩具或纸张代替）。

## 课程目的

下蹲的基本动作模式充分展现了四肢的灵活性与核心的稳定性，在日常生活以及体育运动中，下蹲是必备的基本动作结构。正确的下蹲动作模式能够有效预防膝和髋关节在生长过程中出现姿态异常的情况。

# 03
# 俯身拾取

## 动作模式介绍

俯身是以髋为轴弯腰的动作，以降低身体重心的过程。

## 动作评估

✓ **正确**：站立俯身时应以髋为主导进行弯身。

✗ **错误**：以腰和膝关节为主导进行弯身。

## ✗ 常见错误

弯腰的动作是由骨盆向后移动以及髋关节弯曲所启动的，这两个动作能使身体保持平衡。然而，孩子有时会以驼背的方式来弯曲胸椎，有时还会出现膝关节过度后移等现象。这些错误动作对孩子的脊柱发育极为不利。

俯身是孩子先天获得的基本动作模式，需要不断地练习和巩固来完善这一动作。在游戏中能够纠正孩子的动作误区，这对日后的锻炼具有重要的促进作用。

⚠️ **训练提示**

运动时需穿着紧身运动服或运动短裤，并换好运动鞋，这样能重点观察下肢动作是否存在错误。

💬 **基本动作模式学习**

**准备动作**

① 目视前方。

② 双手自然下垂，放于身体两侧。

③ 双腿自然分开，与肩同宽。

④ 脚尖和膝盖朝向正前方。

⑤ 保持均匀的呼吸。

## 基本动作

1. 以髋为轴慢慢地俯身往下。
2. 俯身时保持腰背挺直，眼睛看前方的地面。
3. 俯身时脚尖和膝盖始终保持朝向正前方，不得大幅度左右晃动。
4. 俯身时保持均匀的呼吸，不要憋气。

## 动作要领

1. 身体前弯，双手尽量碰到地板。
2. 弯下后两脚脚尖和膝盖朝向正前方。
3. 弯腰后慢慢起身。
4. 可以进行多次练习。
5. 与家人和朋友一起在游戏中巩固动作。

### 俯身拾取

专为家庭打造的8~10分钟的幼儿早期基本动作模式体能游戏。

随着音乐，通过模仿各种动物充分热身，教练展示并讲解关于俯身弯腰的正确动作模式，并引导孩子在不同场景和道具中游戏，帮孩子在玩耍时纠正错误的动作并巩固正确的动作，让运动后的拉伸成为习惯。

游戏道具：准备若干个标志盘和一根木棍（若没有标志盘，可用毛绒玩具、书本等来代替；若没有木棍，可用绳子代替）。

### 课程目的

俯身弯腰是一个简单而容易被忽视的动作，可以识别髋部的灵活性和骨盆与核心的稳定，以及下肢的分离能力，科学设计动作模式，指导训练是必不可少的，能使孩子的动作更加有效和稳定。

# 04
# 手膝交替爬行

## 动作模式介绍

　　爬行是一种身体在地面或其他平面上，依靠四肢的协同运动来移动的方式。

## 动作评估

✓ **正确**：手和膝盖有规律地向前爬行，腰背挺直，躯干不晃动。

✗ **错误**：手和膝盖无规律或同手同膝向前爬行，腰背塌陷或拱起，躯干晃动明显。

## ✗ 常见错误

　　若孩子在爬行时低头不看前方或摇头晃脑，跳跃式爬行，都会影响孩子的运动发展。

## 🎯 训练目的

　　爬行是孩子在7~10个月大时获得的一项基本动作模式。在幼儿期间，需要不断地练习和巩固来完善这一动作，它体现了孩子的灵活性和稳定性，以及在这个动作模式中的协调能力。

## ⚠️ 训练提示

　　选择平坦安全的地面，准备一个拉伸垫或在地毯上。运动时穿紧身运动服，换好运动鞋。

## 💬 基本动作模式学习

### 准备动作

❶ 双手撑地十指朝前，稳稳地支撑在垫子上。

❷ 双腿自然分开，宽度与肩相同。

❸ 双脚脚尖勾起，保持姿势稳定。

❹ 放松整个身体，保持呼吸均匀平稳。

## 基本动作

① 保持腰背挺直的状态，眼睛看向前方。

② 手指和膝关节朝向正前方，保持躯干稳定。

③ 身体稍微前倾，手腿对侧配合，有节奏地交替爬行。

## 动作要领

① 爬行时对侧手腿抬起向前移动。

② 眼睛始终看向前方。

③ 能交替向前爬行。

④ 可以进行多次练习。

⑤ 与家人和朋友一起在游戏中巩固动作。

## 手膝交替爬行

专为家庭打造的8~10分钟的幼儿早期基本动作模式体能游戏。

在游戏里随着背景音乐模仿动物热身，教练展示并讲解孩子爬行的正确动作模式，并引导孩子在不同场景和游戏道具中，通过爬上、爬下，躲避爬的游戏动作训练，让孩子在玩耍中练习巩固正确的动作，养成运动后拉伸的习惯。整个运动游戏互动性好，有想象力、有探索力、有趣味性。

游戏道具：拉伸垫或地垫。

## 课程目的

爬行是国际公认预防感统失调的最佳手段，并且可以促进大脑的平衡系统发育。这些小游戏，让孩子的大脑越爬越聪明，身体越爬越协调。它源于我们发育顺序中匍匐动作之后的动作模式。这样的锻炼有两个重大意义，一是展示水平面的反射性稳定和重心转移，二是体现攀爬这一基本动作模式中灵活且稳定的协调能力。

# 05
# 自然行走

　　步行是人类生存的基本动作模式，步态则是步行的行为特征，又称行走模式。一个完整的步行周期是指身体一侧腿向前迈步，从该足跟着地时起，至该足跟再次着地时止。在每一个步行周期中，下肢要经历支撑相和摆动相。

📝 **动作评估**

✅ **正确**：重心落在脚掌，脚尖朝前，自然摆臂。

❌ **错误**：重心落在脚跟，脚尖内旋或外旋，不能自然摆臂。

❌ **常见错误**

　　孩子在走或跑时重心落在脚跟，脚尖朝内或朝外，这种步态会造成孩子的膝关节和踝关节发育问题，影响孩子的身高发育和运动发展，可以通过走直线来观察孩子的步态。

　　步行是孩子约12个月大的时候先天获得的一项基本动作模式，这个动作模式是受遗传、神经生理特性和环境等因素所决定的，为满足生存需要和完成动作任务而采取的符合人体自然条件的动作实现方式，且是省力、安全，最优的，所以幼儿时期需要不断地练习和巩固来完善这一动作。

⚠️ **训练提示**

　　运动时穿紧身运动服或运动短裤，穿运动鞋，以便观察走的动作是否正确。

💬 **基本动作模式学习**

**准备动作**

① 双腿自然分开、站立。

② 双手叉腰，目视前方。

③ 抬头挺胸，微收腹，脚尖和膝盖朝向正前方。

④ 身体放松，保持均匀地呼吸。

## 基本动作

① 抬腿时身体的重心落在脚掌前部，着地时，脚跟在先，脚尖在后。

② 两脚向前行走时落在一条直线上。

③ 步伐轻松，自然而有节律。

## 动作要领

① 行走时保持腰背挺直，眼睛看着地面上的直线。

② 脚尖和膝关节始终保持正前方，身体不得晃动。

③ 向前连续直线行走多步。

④ 可以进行多次练习。

⑤ 与家人和朋友一起在游戏中巩固动作。

## 自然行走

专为家庭打造的8～10分钟的幼儿早期基本动作模式体能游戏。

孩子随着音乐模仿各种动物，通过不同动作进行热身，教练展示并讲解正确的直线行走动作模式，并引导孩子在不同场景和游戏道具中，通过脚尖走、脚跟走、迷宫走等游戏进行动作训练，让孩子在玩耍中巩固正确的动作，并让运动后的放松和拉伸成为习惯。

游戏道具：准备多个标志盘（或用毛绒玩具或书本代替标志盘）。

## 课程目的

步行是人类最基本的活动之一。独立行走发生于多个系统之间的动态交互作用，好的步态能保持身体直立的姿势，使孩子的精神面貌和气质更好。

## 06 弓步蹲

### 📝 动作模式介绍

弓步是双腿前后分开屈膝屈髋以降低身体重心的过程。

### 📝 动作评估

✅ **正确**：弓步时前腿的膝关节不要超过脚尖，身体重心在两腿之间。

❌ **错误**：弓步时膝关节超过脚尖，身体重心不在两腿之间。

### ❌ 常见错误

孩子在做弓步时会出现膝盖内扣或脚尖外旋的错误动作，造成孩子下肢无力不稳，且易出现下肢姿态异常，对膝踝发育不利。

弓步是孩子先天获得的一项基本动作模式，可通过长期练习使动作程序趋向稳定，但如果缺乏练习，动作的协调模式就会出现偏差，所以需要在幼儿时期不断地练习和巩固来完善这一动作。

## ⚠️ 训练提示

运动时穿紧身运动服或运动短裤，穿运动鞋，以便观察下肢动作是否正确。

## 💬 基本动作模式学习

### 准备动作

1. 双脚自然分开，与肩同宽。
2. 双手插腰，抬头挺胸，目视前方。
3. 脚尖和膝盖朝向正前方。
4. 保持均匀地呼吸。

## 基本动作

1. 双脚前后分开站立，双脚内侧保持在一条直线上。
2. 身体重心在两腿之间，眼睛看向前方。
3. 下蹲时脚尖和膝盖始终保持朝向正前方。
4. 保持均匀地呼吸，不要憋气。

## 动作要领

1. 整个身体保持正直，核心收紧，背部挺直，头部保持中立位，眼睛平视前方。
2. 重心均匀地分布在前脚和后脚之间，以保持身体的平衡和稳定。
3. 可以进行多次练习。
4. 与家人和朋友一起在游戏中巩固动作。

## 弓步蹲

专为家庭打造的8~10分钟的幼儿早期基本动作模式体能游戏。

孩子随着音乐模仿各种动物，通过不同动作进行热身，教练展示并讲解弓步的正确动作模式，并引导孩子在不同场景和游戏道具中，通过过河、弓步跳、侧弓步跳等游戏进行动作训练，让孩子在玩耍中巩固正确的动作，运动后进行拉伸，养成习惯，整个运动游戏互动性好，有想象力、有探索力、有趣味性。

游戏道具：准备一个健身踏板（或用书本代替）。

## 课程目的

弓步是孩子最常见和最早出现的自发动作之一。仰卧位时婴儿的腿会强有力地踢向空中，研究发现踢腿动作是协调髋关节、膝关节和踝关节的节律性运动，可看作为行走动作和运动的基础。弓步动作是构成日常锻炼活动和体育运动中加减速、变向运动的一个动作元素，例如起跑、急停和闪躲等。弓步所要求的动作和控制比许多日常活动要高，可以为左下肢或右下肢功能提供快速评估。

体能游戏三 00:39

基本动作模式 | 弓箭步：弓步蹲 | 体能游戏时间

# 07
# 转身转体

## 动作模式介绍

　　转身是站立位围绕身体纵轴转动的过程，包括扭转和转体的过程。

## 动作评估

✔ **正确**：转身时下半身不动，使用躯干的肌肉转动。

✖ **错误**：转身转体几乎同时进行，躯干没有转动。

## 常见错误

　　孩子在转动身体时，经常先转动下肢来带动身体转动，往往到最后才转动头部和视线的方向。如此一来，在跑动中突然转身时，就很容易撞伤自己或他人。

　　转身是孩子先天获得的一项基本动作模式，错误的转身动作模式可能导致身体失去平衡，甚至摔倒，所以需要不断地练习和巩固来完善这一动作。

⚠️ **训练提示**

　　运动时穿紧身运动服和运动鞋，以便观察动作模式是否正确。

💬 **基本动作模式学习**

**准备动作**

❶ 双脚间距比肩略宽。

❷ 双臂自然下垂或双手叉腰。

❸ 保持呼吸均匀、平稳。

## 基本动作

1. 以胸部带动上体朝后扭转，注意先转头。

2. 扭转时需保持腰背挺直，视线跟随上体扭转的方向移动。

3. 胸椎旋转促使整个躯干向左或右旋转至最大幅度，左右交替进行。

4. 保持呼吸均匀，不要憋气。

## 动作要领

1. 身体向一侧转动到最大幅度，平视后方。

2. 转动时两脚稳定，直到完成转体动作。

3. 脚尖和膝盖朝一个方向。

4. 可以进行多次左右交替练习。

5. 与家人和朋友一起在游戏中巩固动作。

## 转身转体

专为家庭打造的8~10分钟的幼儿早期基本动作模式体能游戏。

孩子随着音乐模仿各种动物，通过不同动作进行热身，教练展示并讲解转身的正确动作模式，并引导孩子在不同场景和游戏中，通过站立转身捡球、坐姿转身捡球、听声转身等游戏进行动作训练，让孩子在玩耍中巩固正确的动作，养成运动后进行拉伸的习惯，整个运动游戏互动性好，有想象力、有探索力、有趣味性。

游戏道具：准备两个网球（或用毛绒玩具、沙包代替）。

## 课程目的

转身动作需要孩子协调身体的各个部位，包括头部、躯干、四肢等，以保持身体的平衡性和稳定性。通过反复练习转身动作，可以提高孩子身体的协调性和平衡能力，为其他运动技能的发展打下基础。

# 08
# 俯卧撑起

 **动作模式介绍**

推撑是以"推"或"撑"的动作，使力量向前、向外的过程。

**动作评估**

✓ **正确**：俯卧地面，手指朝前，用上肢发力推撑躯干。

✗ **错误**：俯卧地面，手指朝内或朝外，以及后抬，有耸肩，肩胛凸起的错误动作。

✗ **常见错误**

在推或撑时，手指朝内或外，会导致肘关节发育的问题。

推撑是孩子先天获得的一项基本动作模式，在日常生活中，推门、推动重物等动作也属于推撑动作模式，需要不断地练习和巩固来完善这一动作。

## ⚠️ 训练提示

运动时穿紧身运动服或运动短袖，穿运动鞋，以便观察上肢动作是否正确。

## 💬 基本动作模式学习

### 准备动作

① 俯卧位，双手放在胸部两侧。　　④ 核心收紧，脚尖勾起。

② 双手手指朝前。　　　　　　　　⑤ 保持均匀地呼吸。

③ 双腿自然分开与肩同宽。

## 基本动作

1. 双手手掌支撑地面。
2. 双臂发力慢慢撑起上半身，使手远离肩部，双手可慢慢下移至腹部。
3. 保持三秒以上，然后缓慢放下。
4. 推撑时保持均匀地呼吸，不要憋气。

## 动作要领

1. 双手支撑时胸背挺直，不得耸肩。
2. 手指方向朝前，肘窝朝内。
3. 可以进行多次练习。
4. 与家人和朋友一起在游戏中巩固练习。

## 俯卧撑起

专为家庭打造的8~10分钟的幼儿早期基本动作模式体能游戏。

孩子随着音乐模仿各种动物，通过不同动作进行热身，教练展示并讲解推撑的正确动作模式，并引导孩子在不同场景和游戏中，通过"小推车"、"推圆圈"等游戏进行动作训练，让孩子在玩耍中巩固正确的动作，养成运动后拉伸的习惯，整个运动游戏互动性好，有想象力、有探索力、有趣味性。

游戏道具：准备几个标志盘、一个小圈和一根木棍（或用毛绒玩具、书本代替）。

## 课程目的

在不借助脊柱和髋部力量的条件下，让上肢主动完成撑起的姿势，可以锻炼孩子上肢力量、肩胛稳定性、髋和胸椎的灵活性，预防姿态异常。

# 09
## 徒手上举

 **动作模式介绍**

上举是双手有目标地向上推举的过程。

**动作评估**

✅ **正确**：双手向上举至最高点，双臂紧贴双耳，从侧面看时，整个身体在一条竖线上。

❌ **错误**：没有举到最高点，双臂不能紧贴双耳，撅屁股或探颈。

❌ **常见错误**

有时为了更轻松地向上举起手臂，下半身往往会习惯性地撅屁股塌腰，造成胸腔打开的假象。或者，上半身出现含胸、耸肩、探颈等问题。这是错误的动作。

## 🎯 训练目的

上举是孩子先天获得的一项基本动作模式，例如拿取高处的玩具等日常动作都涉及上举动作，需要不断地练习和巩固来完善这一动作，经过训练可以更轻松并安全地完成这些动作。

## ⚠️ 训练提示

运动时穿紧身运动服或运动短裤，穿运动鞋，以便观察动作是否正确。

## 💬 基本动作模式学习

### 准备动作

1 两眼目视前方。

2 双手自然放于身体两侧。

3 双腿自然分开与肩同宽。

4 脚尖和膝盖朝向正前方。

5 保持均匀地呼吸。

## 基本动作

1️⃣ 以肩为轴，向上抬起手臂，活动范围不超过180度。

2️⃣ 下肢保持不动，脚尖和膝盖始终保持正对前方，抬手时不得大幅度左右晃动。

3️⃣ 保持均匀地呼吸，不要憋气。

## 动作要领

1️⃣ 抬手时保持腰背挺直，核心收紧，包括单臂或双臂的前、后、侧，以及不同中间方向的举（如斜前上举、侧上举等）。

2️⃣ 可以进行多次练习。

3️⃣ 与家人和朋友一起在游戏中练习巩固。

## 徒手上举

专为家庭打造的8~10分钟的幼儿早期基本动作模式体能游戏。

孩子随着音乐模仿各种动物，通过不同动作进行热身活动，教练展示并讲解上举的正确动作模式，并引导孩子在不同场景和游戏中，通过坐弹上举、坐弹交替上举、上举下甩等游戏进行动作训练，让孩子在玩耍中巩固正确的动作，养成运动后拉伸的习惯，整个运动游戏互动性好，有想象力、有探索力、有趣味性。

游戏道具：准备一个瑜伽球（或用弹力球替代）。

## 课程目的

上举是孩子最常见和最早出现的自发动作之一。这种动作是有目的的，而且是手臂与肘关节、手腕、手指共同协调的动作。自主且有目的地做伸够动作，为挥臂动作打下基础。

# 10
# 硬拉提物

## 📋 动作模式介绍

提拉是用手提或搬运物品的过程。

## 📋 动作评估

✅ **正确**：提起物品时动作要慢，同时保持腰背挺直和呼吸平缓，提拉东西时，上身保持缓慢移动，放下物品时同样要保持正确的姿势。

❌ **错误**：提起和放下物品时有弯腰驼背的情况。

## ❌ 常见错误

提拉物品时要避免突然用力和扭曲身体，以防受伤，在搬运时东西不能太重，以免出现运输困难或身体过度劳累等问题。

提拉是孩子先天获得的一项基本动作模式，帮助孩子锻炼手臂、肩部和背部的肌肉，增强肌肉力量，需要不断地练习和巩固来完善这一动作为日后进行更复杂的动作打下基础。

⚠️ **训练提示**

运动时穿紧身运动服和运动鞋，以便重点观察动作是否有错。

💬 **基本动作模式学习**

**准备动作**

① 双眼目视前方。

② 双手自然放于身体两侧。

③ 双脚自然分开比肩略宽。

④ 脚尖和膝盖朝向正前方。

⑤ 保持均匀地呼吸。

## 基本动作

1. 以髋为主导轴进行俯身下蹲。
2. 双手向下并握住适重物品。
3. 双手向上拉到最高点时，双肩尽量外展，抬头挺胸。

## 动作要领

1. 双手慢慢提起和放下。
2. 保持腰背挺直。
3. 提拉时脚尖和膝盖始终保持正前方。
4. 可以进行多次练习。
5. 与家人和朋友一起在游戏中巩固练习。

## 硬拉提物

专为家庭打造的8~10分钟的幼儿早期基本动作模式体能游戏。

孩子随着音乐模仿各种动物，通过不同动作进行热身，教练展示并讲解提拉的正确动作模式，并引导孩子在不同场景和道具游戏中，通过拎壶铃、拖拉壶铃这类游戏进行动作训练，让孩子在玩耍中巩固正确的动作，养成运动后拉伸的习惯，整个运动游戏互动性好，有想象力、有探索力、有趣味性。

游戏道具：准备一个1公斤的壶铃（或用装有1公斤的水壶或粮食包替代）。

## 课程目的

提拉是孩子最早出现、最常见的自发动作之一，其目的在于促进孩子的上肢力量发展，提升身体各部位在动作中的配合度，同时以适度的压力刺激，促进骨骼健康发育，为后续学习其他操作类的技能打下基础，让孩子的动作更有力量。

## 11 举手下蹲

　　蹲起是双腿同时屈伸，以降低身体重心再站起的过程。

📝 **动作评估**

✅ **正确**：下蹲和起身时保持双脚与肩同宽，膝盖与脚尖朝前，下蹲时膝盖不超过脚尖。

❌ **错误**：下蹲和起身时有双膝内扣或外翻，双脚内八字或外八字，脚后跟抬起的情况。

❌ **常见错误**

　　下蹲和起身时，膝盖朝内或脚尖朝外，容易造成X形腿，或上半身向前弯，没有挺直腰背。

## 🎯 训练目的

　　蹲起是孩子先天获得的一项基本动作模式，需要不断地练习和巩固来完善这一动作，如蹲下捡东西、起身站立等。蹲起动作更轻松、准确地完成，可以为奔跑、跳跃等动作提供有力支持。

## ⚠ 训练提示

　　运动时穿紧身运动服和运动鞋，以便重点观察下肢动作是否有错。

## 💬 基本动作模式学习

### 准备动作

① 保持双脚与肩膀同宽站立，双脚保持平行，脚尖朝前。

② 双手上举至最高点，双臂完全伸直。

③ 双眼目视前方。

④ 保持均匀地呼吸。

## 基本动作

① 抬头挺胸，双手举过头顶，双膝与双脚在同一垂直面内，双膝不得向外翻。

② 弯屈膝关节和髋关节慢慢往下蹲到最低位置，保持脚后跟着地。

③ 保持腰背挺直，眼睛看向正前方。

④ 下蹲中保持均匀地呼吸，不要憋气。

## 动作要领

① 下蹲时膝盖不超过脚尖。

② 蹲到最低处保持一秒钟，然后站立起身。

③ 可以进行多次练习。

④ 与家人和朋友一起在游戏中巩固练习。

## 举手下蹲

专为家庭打造的8~10分钟的幼儿早期基本动作模式体能游戏。

孩子随着音乐模仿各种动物，通过不同动作进行热身，教练展示并讲解关于下蹲起身的正确动作模式，并引导孩子在不同场景和游戏道具中，通过"老虎棒子鸡"、"举盆萝卜蹲"、抛球蹲等游戏进行动作训练，让孩子在玩耍中巩固正确的动作，养成运动后拉伸的习惯，整个运动游戏互动性好，有想象力、有探索力、有趣味性。

游戏道具：准备两个木棍、一个球和一个沙包（或用毛绒玩具、筷子代替）。

## 课程目的

充分展示了四肢的协调性和核心稳定性，用于测评两侧髋、膝、踝的灵活性、稳定性及其对称性，是孩子体育活动必备的基本动作结构。

# 12

## 弓步跨栏

### 动作模式介绍

　　跨的动作是一条腿保持站立状态，另一条腿抬起的动作，抬起的腿发挥髋部的灵活性，站立的腿保持身体平衡。

### 动作评估

✅ **正确**：站立腿的髋、膝、踝方向朝前且保持在一条垂直线上，同时能维持身体平衡。

❌ **错误**：脚碰到另一条腿或踩到地面，身体失去平衡。

### 常见错误

　　孩子在做抬腿时会出现膝内扣或脚外旋的情况，身体前倾或后仰的错误动作，易出现下肢动作姿态异常，对膝、髋、踝的发育不利。

　　抬腿跨是孩子先天获得的一项基本动作模式，正确的抬腿动作可以减少因动作不准确导致的损伤，需要不断地练习和巩固来完善这一动作。

⚠️ **训练提示**

　　运动时穿紧身运动服和运动鞋，以便重点观察下肢动作是否有错。

💬 **基本动作模式学习**

**准备动作**

① 双脚与肩同宽站立，身体站直。
② 双手叉腰，抬头挺胸，目视前方。
③ 脚尖和膝盖朝向正前方。
④ 保持均匀地呼吸。

## 基本动作

1. 保持上身挺直，抬起一条腿直至大腿与地面平行。

2. 脚尖和膝关节始终保持朝向正前方。

3. 两条腿各做三次。

4. 保持均匀地呼吸，不要憋气。

## 动作要领

1. 站立腿的髋、膝、踝在一条垂直线上，保持稳定。

2. 上半身保持不动。

3. 腿缓缓抬起，抬至自身能保持平衡的位置。

4. 可以进行多次练习，直到腿抬至与地面平行，甚至更高的位置。

5. 与家人和朋友一起在游戏中巩固练习。

## 弓步跨栏

专为家庭打造的8~10分钟的幼儿早期基本动作模式体能游戏。

孩子随着音乐模仿各种动物，通过不同动作进行热身，教练展示并讲解抬腿的正确动作模式，并引导孩子在不同场景和道具游戏中，通过跨小栏架向前、侧向及跳跃等动作进行训练，让孩子在玩耍中巩固正确的动作，养成运动后拉伸的习惯，整个运动游戏的互动性好，有想象力、探索力和趣味性。

游戏道具：准备一个比孩子膝盖低3厘米左右的小栏架（或在凳子之间绑一根线绳）。

## 课程目的

抬腿跨步动作模式是移动和加速运动中必不可少的动作构成，但抬腿跨步会暴露跨步功能中的代偿动作或身体的不对称性，而单腿站立时的稳定性和控制力差则是导致孩子容易摔倒或崴脚的因素之一。

# 13

## 上身扭转

### 动作模式介绍

扭转是身体为纵轴，按颈、胸、腰的顺序有意识地自上而下依次扭转的过程。

### 动作评估

✅ 正确：保持下半身不动，使用躯干的肌肉转动。

❌ 错误：下半身转动，躯干不动。

### 常见错误

转身时，可以完全扭转上半身完成动作，有时孩子会移动下肢来完成转身动作是错误的。

### 训练目的

扭转是孩子先天获得的一项基本动作模

式，需要不断地练习和巩固来完善这一动作。扭转有助于改善孩子脊柱的柔韧性和扩大活动范围，促进脊柱的正常发育，减少因不良姿势带来的伤害。

⚠ **训练提示**

运动时穿紧身运动服和运动鞋，以便重点观察动作模式是否有错。

💬 **基本动作模式学习**

**准备动作**

① 目视前方。

② 双手叉腰。

③ 双腿自然分开与肩同宽。

④ 脚尖和膝盖朝向正前方。

⑤ 保持均匀地呼吸。

## 基本动作

1. 以胸部带动上半身进行扭转。
2. 扭转时保持腰背挺直，目光随着上身的扭转方向看。
3. 左右扭转交替进行。
4. 保持均匀地呼吸，不要憋气。

## 动作要领

1. 身体向一侧转动到最大程度。
2. 转动时两脚保持稳定不离开地面。
3. 脚尖和膝盖朝向正前方向。
4. 可以进行多次练习。
5. 与家人和朋友一起在游戏中巩固练习。

## 上身扭转

专为家庭打造的8~10分钟的幼儿早期基本动作模式体能游戏。

孩子随着音乐模仿各种动物，通过不同动作进行热身，教练展示并讲解扭转的正确动作模式，并引导孩子在不同场景和道具游戏中，通过站立转身传球、坐姿转身传球、俯卧传球等游戏进行动作训练，让孩子在玩耍中巩固正确的动作，养成运动后拉伸的习惯，整个运动游戏互动性好，有想象力、有探索力、有趣味性。

游戏道具：准备一个皮球（或用毛绒玩具、抱枕代替）。

## 课程目的

这一动作模式是综合性的，需要肌肉神经恰当的协调，它源于我们发育顺序中排在爬行之前的匍匐动作模式。它体现了动作模式中灵活且稳定的协调能力。

# 14
## 轻快跑步

### 📝 动作模式介绍

　　奔跑是通过快速交替移动双腿、双脚向前的运动，使身体产生向前的位移动作。

### 📑 动作评估

✅ **正确**：上身保持腰背挺直并稍向前倾，双臂自然前后摆动，跑步时步幅、速度适中，脚落地要轻。

❌ **错误**：跑步时低头弯腰、膝盖内扣或外翻，脚内八字或外八字。

### ❌ 常见错误

　　孩子在奔跑时头部晃动、弯腰驼背、手臂乱摆、脚步沉重、步幅过大或过小等动作都是错误动作。

## 🎯 训练目的

　　跑是孩子日常生活或体育活动中最基本的技能，是日常锻炼身体的重要动作，所以需要不断地练习和巩固来完善跑步姿势。

## ⚠️ 训练提示

　　穿着合适的运动服和运动鞋，重点关注动作模式是否出现错误，先不用在意动作的熟练程度。

## 💬 基本动作模式学习

### 准备动作

1 双手放在身体两侧，目光注视前方。

2 抬头挺胸，微收腹，脚尖和膝盖朝向正前方。

3 身体微微向前倾斜，膝盖稍微弯曲，重心放在前腿上。

4 身体放松，保持均匀地呼吸。

## 基本动作

① 双臂屈肘约90°，前后自然摆动，保持上肢稳定。

② 前脚掌着地后迅速蹬地向前，双脚交替前进，推动身体前进。

③ 步幅适中，步伐轻松，自然而有节奏。

④ 始终保持平稳的呼吸。

## 动作要领

① 双腿交替快速蹬地，双臂前后协调摆动，保持上半身的平衡与稳定。

② 起跑时要迅速，中途持续向前奔跑，冲过终点后小步高频减速，逐渐停下来。

③ 根据不同距离或不同时长设定奔跑路线，与家人和朋友一起在游戏中巩固动作。

## 轻快跑步

专为家庭打造的8~10分钟的幼儿早期基本动作模式体能游戏。

孩子随着音乐模仿各种动物，通过不同动作进行热身，教练展示并讲解奔跑的正确动作模式，并引导孩子在不同场景和道具游戏中，通过"抢地盘"、"抢数字"、"红绿灯"等游戏进行动作训练，让孩子在玩耍中巩固正确的动作，养成运动后拉伸的习惯，整个运动游戏互动性好，有想象力、有探索力、有趣味性。

游戏道具：准备6个敏捷圈（或用红黄绿颜色的毛巾代替）。

## 课程目的

奔跑是孩子日常活动和体育运动中快速移动的常用方式，其动作模式的控制力比许多日常活动要求要高。

## 动作模式介绍

"推"或"撑"是上肢由弯曲变为伸展来完成发力的动作，下肢关节（如膝关节、髋关节）由弯曲逐渐伸展，推动完成相应的动作，过程中需协同身体其他部位保持稳定。

## 动作评估

✅ **正确**：双手与肩同宽，手指朝上或朝前，双臂向前推出，肘部微屈发力。

❌ **错误**：双手紧握，手指朝外或朝内，推撑时有耸肩或肘窝朝前（肘超伸）的现象。

## 常见错误

孩子在推和撑时以耸肩和挺肚子来弥补上肢无力，有时用胸腔代替手臂做推撑，这些都不利于孩子动作模式的巩固。

推和撑是孩子先天获得的一项基本动作模式，也是发展孩子上肢动作技能和力量有效的方法，所以需要不断地练习和巩固来完善这一动作模式。

## ⚠️ 训练提示

运动时穿紧身运动服和运动鞋，以便重点观察上肢动作是否有错。

## 💬 基本动作模式学习

### 准备动作

1️⃣ 家长盘腿坐在地上。

2️⃣ 孩子弓步站在家长身后。

3️⃣ 孩子的身体重心在前脚掌，双手扶住家长的肩膀或背部。

4️⃣ 保持均匀地呼吸。

## 基本动作

① 双手轻推家长背部，以便把手和脚调整到适合位置。

② 在用力推动时，手部姿势和位置不变。

③ 在推动时确保胸部和腹部远离双臂。

④ 脚蹬住地面，用力向前推动。

⑤ 推动中保持均匀地呼吸，不要憋气。

## 动作要领

① 推动时注意胸背挺直，不得耸肩。

② 手臂伸直推动，不要用上半身去压。

③ 保持身体稳定，不乱晃。

④ 可以进行多次练习。

⑤ 与家人和朋友一起在游戏中巩固练习。

## 弓步推重物

专为家庭打造的8~10分钟的幼儿早期基本动作模式体能游戏。

孩子随着音乐模仿各种动物，通过不同动作进行热身，教练展示并讲解推和撑的正确动作模式，并引导孩子在不同场景和道具游戏中，通过"小马推磨"、"躲避木棍"、"娃娃钻洞"等游戏进行动作训练，让孩子在玩耍中巩固正确的动作，养成运动后拉伸的习惯，整个运动游戏互动性好，有想象力、有探索力、有趣味性。

游戏道具：准备一个球和一根木棍。

## 课程目的

推撑是观察孩子核心稳定性的一种基本方法，该动作模式的目的是在不借助脊柱和髋部力量的条件下，让上肢主动完成推撑的动作。

# 16
# 负重上举

## 📝 动作模式介绍

　　负重上举是双手有目标地向上举起物体的过程。

## 📝 动作评估

✅ **正确**：双脚分开，双手握住物体向上举至最高点，侧面看整个身体在一条竖线上，且保持身体稳定、平衡。

❌ **错误**：上举时有含胸驼背，手臂不能完全伸直，无法举到最高点。

## ❌ 常见错误

　　举手时有塌腰、含胸、耸肩、探颈等问题。

## 🎯 训练目的

上举是孩子先天获得的一项基本动作模式，可增加肩关节的灵活性，有利于上举动作模式的优化，所以需要不断地练习和巩固来完善这一动作。

## ⚠️ 训练提示

运动时穿紧身运动服和运动鞋，以便重点观察动作是否有错。

## 💬 基本动作模式学习

### 准备动作

1. 双脚分开与肩同宽或略窄，膝盖微微弯曲，保持身体稳定且平衡。

2. 双手握住物体，举至自身舒适的胸前位置。

3. 保持均匀地呼吸。

## 基本动作

1. 以肩为轴，手臂向上伸直推举物体。
2. 将物体稳稳举过头顶，直至手臂完全伸直。
3. 保持身体与物体的平衡和稳定。
4. 保持均匀地呼吸，不要憋气。

## 动作要领

1. 缓慢向前移动数步并保持物体上举。
2. 放下物体时，沿着上举的反方向进行，手臂逐渐弯曲，始终保持对物体的控制，不要让物体掉落。
3. 根据自身能力选择合适的负重，避免因过重导致动作变形或受伤。
4. 可以进行多次练习。
5. 与家人和朋友一起在游戏中巩固练习。

## 负重上举

专为家庭打造的8～10分钟的幼儿早期基本动作模式体能游戏。

孩子随着音乐模仿各种动物，通过不同动作进行热身，教练展示并讲解负重上举的正确动作模式，并引导孩子在不同场景和道具游戏中，通过双手举水壶铃、单手举水壶铃、举杠铃等游戏进行动作训练，让孩子在玩耍中巩固正确的动作，养成运动后拉伸的习惯，整个运动游戏互动性好，有想象力、有探索力、有趣味性。

游戏道具：准备一两个水壶铃（或用矿泉水瓶替代）。

## 课程目的

上举是孩子最早出现的最常见的自发动作之一。这种动作是有目的性的，而且是肩关节与肘关节、手腕关节、手指关节共同协调的动作。自主且有目的的上举动作为后来的挥臂动作打下基础。

# 17
## 护头侧滚

### 📝 动作模式介绍

翻滚是以身体为轴，通过躯干和四肢的协调运动完成，使身体连贯地滚动。

### 📝 动作评估

✅ **正确**：双手交叉，紧贴后脑勺，肘部紧贴双耳，双腿伸直，以胸椎旋转带动身体连续侧滚。

❌ **错误**：双手在身体两侧，以四肢支撑地面带动躯干翻转。

### ❌ 常见错误

翻滚时紧闭双眼，晃动头部，身体方向偏离，动作不连贯，四肢松散或卡顿等都是错误动作。

## 🎯 训练目的

　　翻滚是孩子先天获得的一项基本动作模式，是保持平衡感，减少摔倒并自我保护的一种自然生存技能，需要不断地练习和巩固来完善这一动作。

## ⚠️ 训练提示

　　运动时穿紧身运动服和运动鞋，以便重点观察动作是否有错。

## 💬 基本动作模式学习

### 准备动作

❶ 俯卧在地面上。

❷ 双脚分开与肩同宽，脚尖点地。

❸ 双手交叉抱头。

❹ 抬头挺胸，目视前方。

## 基本动作

1️⃣ 向一侧翻滚时，抬起另一侧肩，带动躯干翻滚。

2️⃣ 由躯干翻滚带动下肢转动完成180度，滚动到仰卧位。

3️⃣ 从仰卧位再翻滚180度到俯卧位。

4️⃣ 可连续向一侧进行滚动。

## 动作要领

1️⃣ 可向左或向右连续翻滚。

2️⃣ 以躯干带动下肢翻滚，不要用其他部位触地借力。

3️⃣ 无明显晕眩后再慢慢起身，不要一下子猛地站起。

4️⃣ 可以进行多次练习。

5️⃣ 与家人和朋友一起在游戏中巩固练习。

## 护头侧滚

专为孩子基本动作模式而打造的8~10分钟的早期基础体能游戏。

让孩子伴随着音乐模仿各种动物，通过不同的动作等，教练展示并讲解翻滚的正确动作模式，并引导孩子在不同场景和道具游戏中，通过手拉手翻滚、腹下翻滚、弓步前滚等游戏进行动作训练，让孩子在玩耍中巩固正确的动作，养成运动后拉伸的习惯，整个运动游戏互动性好，有想象力、有探索力、有趣味性。

游戏道具：准备一个拉抻垫（或在地毯上进行）。

## 课程目的

翻滚动作需要上肢、躯干和下肢配合360度转动身体，可以提升小朋友身体的平衡、协调和控制能力，锻炼前庭感觉发育和本体感。翻滚是遇到危险时自我保护的一个有效方法。

# 18
## 坐位前屈

### 📝 动作模式介绍

　　坐位前屈是以髋为轴将身体向前折叠，双手伸向脚尖方向延伸的动作。

### 📝 动作评估

✅ **正确**：保持坐姿，双腿伸直，脚尖朝上，以屈髋为主导，双手向脚尖方向去够触脚尖。

❌ **错误**：双腿弯屈，脚尖朝内或朝外，以腰椎弯屈为主导的错误动作。

### ❌ 常见错误

　　出现含胸、驼背、低头等错误情况，都会增加脊柱的压力。

体前屈是孩子先天获得的一项基本动作模式，主要反映出这些部位的关节、韧带和肌肉的伸展性，一般孩子年龄越小这项能力越好，需要不断地练习和巩固来完善保持这一动作的能力。

## ⚠️ 训练提示

运动时穿紧身运动服和运动鞋，重点观察动作是否有错。

## 💬 基本动作模式学习

### 准备动作

❶ 双腿并拢坐在垫子上，脚尖朝上。

❷ 腰背挺直，目视前方。

❸ 身体放松，保持均匀地呼吸。

## 基本动作

① 保持坐姿双手向前平举。

② 以髋为轴，双手慢慢向脚尖延伸。

③ 前屈中保持均匀地呼吸，不要憋气。

## 动作要领

① 延伸时保持双腿伸直，腰背挺直。

② 脚尖朝上保持中立位。

③ 可以进行多次练习。

④ 与家人和朋友一起在游戏中巩固练习。

## 坐位前屈

专为家庭打造的8～10分钟的幼儿早期基本动作模式体能游戏。

孩子随着音乐模仿各种动物，通过不同动作进行热身，教练展示并讲解关俯身体前屈的正确动作模式，并引导孩子在不同场景和道具游戏中，通过"体前夺宝"、"体前拼图"、"脚尖电话"等游戏进行动作训练，让孩子在玩耍中巩固正确的动作，养成运动后拉伸的习惯，整个运动游戏互动性好，有想象力、有探索力、有趣味性。

游戏道具：准备7个纸杯（或用毛绒玩具、书本代替）。

## 课程目的

可以识别孩子髋部灵活性，通过游戏中的表现，直观地了解孩子身体的柔韧性水平。

# 19
# 对抗提拉

## 📝 动作模式介绍

拉动是上肢由伸展转变为屈曲，使物品向里、向内移动的过程。

## 📝 动作评估

✅ **正确**：拉起物体时动作要慢，同时保持腰背挺直和呼吸平稳，上肢关节由伸展变为屈曲的过程。拉动的物体重量要量力而行。

❌ **错误**：髋部过度向前推，或通过后仰拉动物品。

## ❌ 常见错误

拉动物品时突然用力或扭曲身体都是错误动作。

在孩子的基础动作模式的发展中，"拉"是其中一项重要的动作。例如拉门、拉玩具等日常活动都涉及"拉"的动作模式，这是孩子先天获得的一项基本动作模式，需要不断地练习和巩固来完善这一动作，可以用游戏活动来练习。

⚠️ **训练提示**

在引导孩子进行相关活动时，要确保环境安全，避免孩子因用力不当或意外情况而受伤。

💬 **基本动作模式学习**

**准备动作**

❷ 双手紧抓浴巾一端。

❸ 双腿自然分开比肩略宽。

❶ 双眼目视前方。

❹ 脚尖和膝盖朝向正前方。

❺ 保持均匀地呼吸。

## 基本动作

1. 抬头挺胸，核心收紧，双臂屈伸。
2. 在浴巾的牵引下，慢慢向后倾斜至适合的角度。
3. 双臂用力拉动自己的身体。

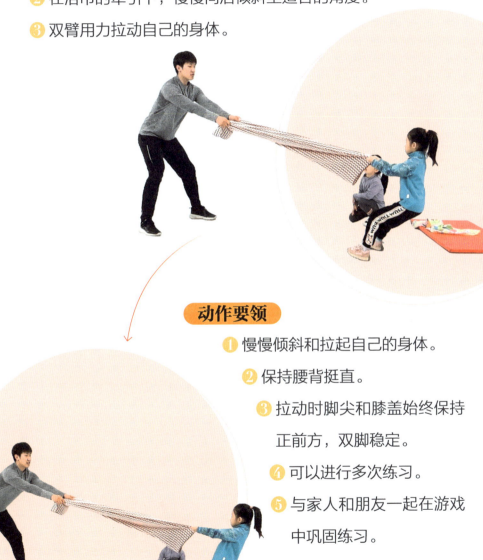

## 动作要领

1. 慢慢倾斜和拉起自己的身体。
2. 保持腰背挺直。
3. 拉动时脚尖和膝盖始终保持正前方，双脚稳定。
4. 可以进行多次练习。
5. 与家人和朋友一起在游戏中巩固练习。

## 对抗提拉

专为家庭打造的8~10分钟的幼儿早期基本动作模式体能游戏。

孩子随着音乐模仿各种动物，通过不同动作进行热身，教练展示并讲解拉动的正确动作模式，并引导孩子在不同场景和道具游戏中，通过"浴巾大战"、"旱地滑冰"等游戏进行动作训练，让孩子在玩耍中巩固正确的动作，养成运动后拉伸的习惯，整个运动游戏互动性好，有想象力、有探索力、有趣味性。

游戏道具：准备一个拉伸垫、一条浴巾和一条丝巾。

## 课程目的

拉动是孩子最早出现的自发动作之一，是肩关节与肘关节、手腕关节、手指关节共同协调的动作，孩子的基础动作模式形成约在0~3岁，家长应在这个阶段协助孩子形成正确的基础动作模式，为后期的身体成长发育和动作技能的形成做好铺垫。

体能游戏二　01:04

基本动作模式 | 提拉：对抗提拉 | 体能游戏时间

## 20 手脚交替爬行

### 📝 动作模式介绍

爬行是以手和脚掌着地，撑起整个身体，通过手脚交替移动来向前爬行。

### 📝 动作评估

✅ **正确**：手、脚依次有节奏地移动，腰背挺直，手指朝前，脚尖朝前，对侧手脚并用进行爬行。头部高度与脊柱一致。

❌ **错误**：四肢都伸直，背部弯曲，手脚不协调或左右晃动像鸭子一样移动。膝盖内扣或者外翻，手指没有朝前等错误动作。

### ❌ 常见错误

孩子爬行时，腿不会弯曲，臀部抬高，同手同脚，低头看地，或出现严重的膝内扣动作都是错误的，如果发现姿势不正确或存在动作困难，家长们适当给予引导和帮助。

## 🎯 训练目的

爬行是孩子先天获得的一项基本动作模式，这些动作锻炼孩子的肌肉协调性，对孩子脊柱发育有重要作用，需要不断地练习和巩固来完善这一动作。

## ⚠️ 训练提示

选择安全的环境。

运动时穿着紧身运动服，穿运动鞋，以便重点观察动作是否有错。

## 💬 基本动作模式学习

### 准备动作

① 可先手、膝着地，跪在地上，双膝与髋部同宽，双手与肩膀同宽。也可先蹲下，再手着地，调整四肢的位置。

② 身体保持平稳，膝盖弯曲，臀部不要过高或过低。头部自然延伸，眼睛看向前方，脊柱与头部保持同一水平。

③ 双手在肩膀的下方，膝盖在臀部的下方，脚趾和手指微微弯曲，准备支撑身体的重量。

## 基本动作

1. 可先抬右手和左膝，同时向前迈进，再左手和右膝交替前进，保持身体的协调性和稳定性。

2. 在向前爬行的过程中，确保腹部、背部和腰部发力，避免拱背或塌腰，保持身体平稳。

3. 眼睛向前看，平视前方，不仰头也不低头，交替向前爬行，保持动作的流畅性。

## 动作要领

1. 爬行时，核心肌肉需要发力，保持腰背挺直，避免过度依赖上肢或下肢的力量。

2. 确保对侧的手和脚同时向前移动，交替动作，有助于锻炼大脑的左右协调功能。

3. 头部保持与脊柱的自然延展，目视前方。

4. 不要急促爬行，确保爬行时的协调性和控制力。

5. 出现头晕，或任何部位的疼痛，要立刻停止动作。

## 手脚交替爬行

专为家庭打造的8~10分钟的幼儿早期基本动作模式体能游戏。

孩子随着音乐模仿各种动物，通过不同动作进行热身，教练展示并讲解手脚交替爬行的正确动作模式，并引导孩子在不同场景和道具游戏中，通过"虫虫特工"、"小虫大战"、"蚂蚁搬家"等游戏进行动作训练，让孩子在玩耍中巩固正确的动作，养成运动后拉伸的习惯，整个运动游戏互动性好，有想象力、有探索力、有趣味性。

## 课程目的

爬行是国际上公认预防感统失调的最佳手段，并且可以促进大脑的平衡系统发育。这些游戏动作帮助手、脚和身体的协调，对于其大脑和心理的全面发展都具有重要的促进作用。

## 21

# 组合训练：活力走跑跳

### 动作模式介绍

走、跑、跳是以走、跑、跳的方式，从A点移动到B点的过程。

### 动作评估

✓ **正确**：在移动中保持腰背挺直，脚踝、膝关节和髋部在一条直线上。

✗ **错误**：走、跑、跳时出现膝内扣、脚外旋，呈现弯腰驼背状态。

### 常见错误

孩子平时参与体育活动少，就会出现臀部肌肉无力，导致在走跑跳时让小腿代偿发力的错误动作，走跑跳姿势不正确或存在困难，应该适当给予引导和帮助。

　　走、跑、跳是孩子生活中常见的动作，这是孩子先天获得的基本动作，需要不断地练习和巩固来完善这一动作模式，为将来更优质的动作技能打基础。

⚠️ **训练提示**

　　需注意保持正确的姿势和规范的动作，选择安全场地，减少身体受伤的风险。

💬 **基本动作模式学习**

### 走的基本动作模式

① 保持腰背直立，挺胸抬头。

② 手臂放松自然摆动。

③ 臀部收紧，双脚交替向前移动。

④ 前脚脚跟先着地，然后过渡到前脚掌着地，后脚跟离地。

## 跑的基本动作模式

1. 头摆正，目视前方，两臂自然弯曲，向前摆。
2. 小步幅，双臂摆动快，脚掌着地跑动。
3. 自然且快是重点，前脚掌趴地是难点。

## 跳的基本动作模式

1. 双脚并在一起，双腿绷直。
2. 用力跳起，前脚掌撑着地。
3. 双脚落地时，屈膝缓冲。
4. 像小白兔或小袋鼠的样子跳跃。

## 组合训练：活力走跑跳

专为家庭打造的8~10分钟的幼儿早期基本动作模式体能游戏。

孩子随着音乐模仿各种动物，通过不同动作进行热身，教练展示并讲解孩子走、跑、跳的正确动作模式，并引导孩子在不同场景和道具游戏中，通过交叉走、转身跑、交叉开合跳等游戏进行动作训练，让孩子在玩耍中巩固正确的动作，养成运动后拉伸的习惯，整个运动游戏互动性好，有想象力、有探索力、有趣味性。

游戏道具：准备一根跳绳或在地上画一条3米长的直线。

## 课程目的

通过游戏来强化走、跑、跳动作模式的正确性，为儿童跑步技能的培养储备基础条件，使动作的发展更加符合人体力学原理。

# 22

## 组合训练：
## 疯狂
## 踢拍打

📝 **动作模式介绍**

　　踢、拍、打是用手和脚控制物体的动作模式。

📝 **动作评估**

✅ **正确**：身体动作协调，动作有节奏。

❌ **错误**：身体动作僵硬、不协调，动作无节奏。

❌ **常见错误**

　　动作过于僵硬不自然，无法控制物体都是常见错误，不同的孩子在进行这些动作时可能会出现不同的错误，如果发现姿势不正确或存在动作困难，应该适当给予引导和帮助。

踢、拍、打是孩子活动中常见的动作模式，是孩子先天获得的基本动作模式，这些动作是孩子自然生长发育过程中逐渐形成的，优质的动作模式是运动安全的最佳保障，需要不断地练习和巩固来完善正确的动作。

## 训练提示

准备一些气球，在没有风的环境下进行。

运动时穿紧身运动服和运动鞋，以便重点观察动作是否有错，适当补充水分。

## 基本动作模式学习

### 拍的基本动作模式

① 用手指而非手心拍打气球。

② 手腕关节放松。

③ 前臂主动向上运动，上下挥臂拍打气球。

## 踢的基本动作模式

① 双手把气球抛向空中。

② 气球下落到髋部时，抬起一只脚向上踢球。

③ 两脚交替进行踢球。

## 打的基本动作模式

① 用手掌而非手指击打气球。

② 手腕关节放松。

③ 前臂主动抬起向上运动，向上并向前挥臂打气球。

## 组合训练：疯狂踢拍打

专为家庭打造的8~10分钟的幼儿早期基本动作模式体能游戏。

孩子随着音乐模仿各种动物，通过不同动作进行热身，教练展示并讲解孩子踢、拍、打的正确动作模式，并引导孩子在不同场景和道具游戏中，通过气球游戏进行动作训练，让孩子在玩耍中巩固正确的动作，养成运动后拉伸的习惯，整个运动游戏互动性好，有想象力、有探索力、有趣味性。

### 课程目的

简单的"踢""拍""打"动作模式为孩子日常活动的常用动作，正确的姿势是将来动作技能的基石，无论是踢、拍还是打，正确的姿势和动作要领有助于提高动作的效果和准确性，同时减少受伤的风险，需要通过游戏不断地练习改进。

# 23

## 组合训练：趣味抛投接

### 动作模式介绍

抛、投、接是上肢操作并控制物体的过程。

### 动作评估

✓ **正确**：有目的性地挥动手臂，抛、投物品并接住，手眼配合默契。

✗ **错误**：跳起后再挥动手臂，眼睛不注视物体的运动轨迹。

### 常见错误

孩子在投物时只会用手臂的力量，抛物时眼睛不注视物体抛出的方向，接物时闭眼和眼神躲避，手腕僵硬都是常见错误。如果发现孩子在抛、接、投动作方面存在困难或问题，可以提供适当的指导和练习机会，促进他们的发展。

抛、投、接动作是孩子先天获得的基本动作模式，这些基本动作模式在幼儿时期转化为动作技能时较慢，需要不断地练习和巩固来完善这一动作。

⚠️ **训练提示**

选择安全的环境和场所，准备三条丝巾（可以用毛巾替代）。

运动时穿着紧身运动服和运动鞋，以便重点观察动作是否有错。

💬 **基本动作模式学习**

**抛的基本动作模式**

1️⃣ 双脚分开与肩同宽，保持身体平衡和稳定。

2️⃣ 双手握住要抛出的物品，将其置于身体前方或一侧。

3️⃣ 手臂从下往上将物品抛出。

4️⃣ 物品抛出时手指应放松，让物品自然脱离手部。

## 接的基本动作模式

1. 双脚分开站立，保持身体平衡，膝盖微微弯曲，身体重心略低，双手自然张开。

2. 眼睛注视着来物的方向和轨迹，提前预判其速度、方向和可能的落点，准备接住物体。

3. 根据来物的高度和速度，适时抬起手臂，肘部微屈，接住物体。

## 投的基本动作模式

1. 两脚分开站立，保持身体平衡，前腿伸直后腿微屈。

2. 前面的手平举，指向目标方向，后手手心朝上，肘关节朝下，后手放在耳后处。

3. 将后手中的物品从耳后向投掷方向的上方投出，身体转动带动手臂投出物品。

## 组合训练：趣味抛投接

专为家庭打造的8~10分钟的幼儿早期基本动作模式体能游戏。

孩子随着音乐模仿各种动物，通过不同动作进行热身，教练展示并讲解孩子抛、接、投的正确动作模式，并引导孩子在不同场景和道具游戏中，通过丝巾游戏进行动作训练，让孩子在玩耍中巩固正确的动作，养成运动后拉伸的习惯，整个运动游戏互动性好，有想象力、有探索力、有趣味性。

### 课程目的

复杂的动作大多数都是由上肢完成的，正确的动作模式是活动能力的关键因素之一，任何优质动作都是由最简单的动作模式组合而成，而错误的动作模式会影响动作技能的发展。

# 24

## 组合训练：冒险翻滚爬

### 📝 动作模式介绍

　　翻、滚、爬是人体沿转动方向的运动，包括滚动、翻滚、爬行等，是手脚并用移动身体的过程。

### 📝 动作评估

　✅ **正确**：手和脚有节奏、有规律地移动身体。

　❌ **错误**：手和脚无节奏、无规律地移动身体。

### ❌ 常见错误

　　孩子在翻滚爬时低头或左右晃头，同手同脚不协调等都是错误动作，如果发现姿势不正确或存在困难，应该适当给予引导和帮助。

## 🎯 训练目的

翻、滚、爬是孩子先天获得的基本动作模式，需要不断地练习和巩固来完善这一动作。

## ⚠️ 训练提示

准备一个拉伸垫（或在地毯上进行）和一个篮球。

选择平坦安全的场所，运动时穿着紧身运动服和运动鞋，以便重点观察动作是否有错。

## 💬 基本动作模式学习

### 滚的基本动作模式

① 仰卧在垫子上，双手向上伸过头顶握住球。

② 侧向滚动时，以肩带动躯干向另一侧滚动。

## 前滚翻的基本动作模式

1️⃣ 下蹲，双脚与肩同宽，双手撑在脚尖前方。

2️⃣ 低头，将下巴靠近胸部，眼睛看向肚脐。

3️⃣ 双脚夹球，用力蹬腿，同时将双手向前推，使身体蜷身向前滚动。

## 爬的基本动作模式

1️⃣ 俯卧手脚着地，手脚分开与肩同宽。

2️⃣ 腰背保持挺直，臀部推高，腹下放一个篮球。

3️⃣ 在爬行过程中，膝盖和腹部要离开地面，用四肢支撑保护篮球移动。

## 组合训练：冒险翻滚爬

专为家庭打造的8~10分钟的幼儿早期基本动作模式体能游戏。

孩子随着音乐模仿各种动物，通过不同动作进行热身，教练展示并讲解孩子翻、滚、爬的正确动作模式，并引导孩子在不同场景和道具游戏中，通过篮球游戏进行动作训练，让孩子在玩耍中巩固正确的动作，养成运动后拉伸的习惯，整个运动游戏互动性好，有想象力、有探索力、有趣味性。

## 课程目的

多种动作模式是为满足孩子的生活需要和完成任务，是符合人体结构最好的活动方式，但如果缺乏练习，人体系统协调模式会退化，动作就会产生偏差。